# Cantilène à la Loire

*110 poèmes chantant le fleuve royal*

Gérard Brecq

# Cantilène à la Loire

*110 poèmes chantant le fleuve royal*

**CHEMINEMENTS**

*Collection*
À l'Orée des mots

Ce recueil de 110 poèmes pour chanter le fleuve royal a été imprimé
à 1500 exemplaires numérotés de 51 à 1500 sur papier Zeta velyn 120 gr
et à 50 exemplaires hors commerce dédicacé par l'auteur
réservés à ceux qui ont œuvré à l'élaboration de l'ouvrage
constituant l'édition originale.

Exemplaire n°426

A Gérard Bracq

—

en lui renouvelant l'assurance de ma fidèle amitié et de mon estime pour son talent

Hervé Bazin

# *Tous les oiseaux de Loire*

Tous les oiseaux de Loire ont mené grand tapage
En ce matin diffus traînant son front brumeux ;
Tous les oiseaux de Loire à l'envol fastueux
Au grand livre du temps semblaient tourner la page.

Sur le sable mouillé, ils ont posé l'étoile,
Sur le roseau tremblant leur aile a caressé.
Quiconque s'approchait se sentait repoussé,
Tous les oiseaux de Loire éployaient leur grand voile.

Sur la nacre du flot, sur l'ocre brun des grèves,
Hors du tumulte vain, brassant leur liberté
Tous les oiseaux de Loire ont embrassé l'été
En cadençant d'amour la splendeur de nos rêves.

# *Tous les oiseaux de Loire II*

Le soir, ils revenaient en longue débandade
Hautains sur le ciel pâle et s'en allaient cherchant
Des lambeaux de soleil saignant dans le couchant
Et des nids embués dans la secrète rade.

Ils passaient lentement, ourlant le diaphane,
L'air où le soir module au vent de la fraîcheur.
Je les accompagnais au rythme de mon cœur
Tant le divin dansait sur la rive profane.

Tous les oiseaux de Loire allaient de connivence
Au-delà des maisons, des regards ébahis,
Ils emportaient si loin l'âme des bas-pays
Que la lune glissait dans des draps de silence.

# *Châteaux de Touraine*

Connais-tu la Touraine heureuse ?
– Chantent les mots et chante l'air –
Dis, connais-tu mon amoureuse
Ce beau pays rieur et clair ?

Dès ce matin, par la vallée,
Comme filera notre auto...
Puis, je vois ta robe étalée
Au pied royal d'un vieux château.

Nous irons partout où se mire
Un donjon sur un reflet d'eau,
Et je sais ce que l'œil admire
En voyant Azay le Rideau...

Où le vin d'or pétille et chante
Rabelais sut fixer son nom,
Sauras-tu, ma divine amante
Fixer le charme de Chinon ?

Par la forêt que l'on déboise,
Au détour du parcours changeant
Que diras-tu, voyant Amboise
Se denteler sur ciel d'argent ?

Je vois fuir notre rêverie
Sous un ombrage bienveillant
Pendant que songe, féerie
Le beau Chambord étincelant.

Voici Chaumont aux pures lignes
Et la force de ses blasons
Et dans l'ordre net de ses vignes
Le charmant fouillis des maisons.

Je sais, tu défailleras presque,
Mais Villandry riant aux fleurs
Voudra se vêtir d'une fresque
Éblouissante de couleurs !

Enfourchant le Cher dans sa marche,
Chenonceau, royal cavalier
Arque ses nerfs sur plus d'une arche...
Femme, tu ne peux l'oublier.

Dans la somptueuse émeraude
D'un décor qui semble verni,
Que diras-tu, si l'amour rôde
Aux frais sous-bois de Cheverny ?

Par les pignons qui s'encorbellent
Apparaîtra le fier Langeais
Si farouche au temps des rebelles
Et si calme si tu songeais...

Étant femme, déjà tu brigues
Les secrets des belles d'alors,
Les rendez-vous et les intrigues
Des hennins et des justaucorps.

Les secrets baissant les paupières,
Les secrets se sont effacés,
Tous les secrets sont dans les pierres,
Dans les douves des temps passés…

Serpentant parmi les collines
Ce périple est-il un bijou,
Brillant collier de perles fines
Qui ne s'attache qu'en Anjou ?

Ce collier se noue à la Loire
Immortelle de royauté,
Belle dont la traîne se moire
Pour les Amants de la Beauté.

# *Troubadours et Trouvères*

Oyez mon chant, gentils trouvères...
Léger le temps, le temps a crû ;
L'hiver sourit aux primevères,
Souriez-moi bon Marcabru.
Oh ! fallait-il que je revinsse
Par votre esprit, besace au dos ?
J'ai des châteaux dans ma province,
Des troubadours dans mes châteaux.

Il y brûle un bon feu de vergne.
Chauffez belles et damoiseaux !
Nul feu ne vaut Peire d'Auvergne,
L'ami des fleurs et des oiseaux.
En un soir d'antique royaume,
Écoutez bien ce doux passant
Il danse, et dresse un corps fantôme
Pour votre cœur tout frémissant.

Qui parle ? Cette voix étrange
Messires, je la reconnais...
N'est-ce pas là Raimbault d'Orange
Venu de son Avignonnais ?
Oyez sa gaîté musicale,
Ses mots choisis qui font estoc,
N'est-il pas la seule cigale
Du clair pays de langue d'oc ?

Holà ! Cerveri qui t'éveilles
D'un rêve où tu vas revenir
Ami, contes-nous ces merveilles
Du souvenir, du devenir...
Que plus d'un gobelet se choque
Quand nous rirons, fils des Gaulois,
Mais pleurons si ta voix évoque
Roland, le preux aux fiers exploits.

Étreins la viole aux sons aigres
Chante-moi Giraut de Borneil
La ribaude avec ses doigts maigres
Prodiguant quelque bon conseil,
Le moine happant un vin de messe
Dans le cellier, mais pour Dieu bu !
Ou le bourgeois qui fait promesse
D'être humble et bon, mais reste imbu.

Sertissez mieux que des orfèvres.
Plus d'un vous lancera l'agnel.
Dorez vos chansons par vos lèvres,
De Ventadour, Arnaut Daniel
Allons ! polissez-moi ces contes
Il faut que vous les livriez !...
.. .. .. .. .. .. .. .. .. .. .. .. .. .. .. .. .. .. . . . . .
J'écoute, assis parmi les comtes,
Caressant mes fins lévriers.

Lors d’un ardent bond je me lève,
Frère éperdu d’un songe vain,
Le temps n’est plus. La même sève
M’imprègne là d’un suc divin ;
Et, par les châteaux et les plaines
Besace au dos, sous pluie et gel,
Recevant toutes les haleines
Les troubadours m’ont fait appel.

# *Le Tailleur des Cathédrales*

Par la massette, par la gouge
Toi, le fidèle compagnon,
Sculpte le marcassin qui fouge
Ou Goupil, masque du démon.

Pose la chouette en symbole
Afin d'éclairer chaque juif
Trace le basilic qui vole,
Corps de crapaud enduit de suif.

Évoque nous le mantichore
L'homme fol au corps monstrueux,
Tout sciapode qui décore
Pour évoquer le mal affreux.

Et sur ce fin modillon qu'orne
Le dos écaillé des griffons,
Creuse l'élan d'une licorne
Jaillissant des enfers profonds.

Que les sirènes, les pygmées
Hurlent de leurs maux infinis
Hurlent de leurs âmes damnées
Dans des cieux qui ne sont bénis.

En travaillant la feuille et l'ove
Que surgisse un roi moustachu
Contemplant le serpent qui love
Étreint par l'aigle au bec crochu.

Pareil au joli vase en cuivre
Rapporté par quelque croisé
Que s'exalte un combat de guivre
Terrassant un agneau blessé.

Que Bagdad ou Constantinople
Verse à ton art quelques décors,
Panne de vair, point de sinople,
Denticulé rehaussé d'ors.

Que tout donne à cette ignorance
À ce peuple figé d'effroi.
Le bien de l'Église de France
Ou le mal exécré du Roi.

# *Vikings*

Ce sont les Vikings, les gens blonds du Nord
Bonnes gens fuyez, fuyez dans la plaine.
Ce sont les pillards, la force et la haine
Ce sont les Vikings, les gens de la mort.

Tirez les verrous de vos abbayes,
Réchauffez le plomb à vos meurtrières,
Priez, mais priez, d'ardentes prières
S'il vous faut survivre en vos bas-pays.

Ce sont les Vikings aux longs bateaux plats,
Un dragon fend l'eau d'un poitrail féroce,
Leur chef à l'évêque a volé sa crosse
Pour scander l'effort de ses rameurs las.

Toujours vers l'amont se tend cet effort,
Plus forts que la mort, plus forts que le fleuve,
Tuant le vieillard, massacrant la veuve,
Ce sont les Vikings les gens de la mort.

Hurlant du plaisir de leur torse nu,
Tatoué de vif en d'effrayant masques,
Sonnant de leurs fers, d'anneaux et de casques
Ce sont les Vikings, gens de l'inconnu.

Ils vont emporter de riches butins
Brûler la récolte, violer vos femmes,
Sauront-ils jamais s'ils avaient des âmes...
Ce sont les Vikings, de rudes marins.

Ce sont les Vikings, les Gens blonds du Nord
Bonnes gens venez quérir votre outrage !
Ils sont repartis déjà dans leur rage
Ce sont les Vikings, les gens de la mort.

# *Aliénor d'Aquitaine*

## *Reine des Troubadours*

La mère aux dix enfants, la Reine Éléonore
Se meurt en l'Abbaye et râle sous les toits.
Avant qu'à Fontevraud ce fin gisant l'honore
Mes amis troubadours chantez d'amour courtois.

Dîtes-lui, dîtes-lui, nous voici Dame noble
Nous chanterons Tristan, Lancelot, Perceval,
Nous irons près de Loire où pampre le vignoble,
Lentement nous irons à l'amble du cheval.

Chantez le lai de France à celle qui vous aime
Bernard de Ventadour, Rigaud de Barbezieux,
Nul ne saura mourir s'il vit dans le poème.
Gaucelm Faïdit vous fermera les yeux.

Nous irons d'Aquitaine aux brumes d'Angleterre
Précédés des barons de vos Plantagenêts,
Dans ce vaste royaume où traîne Jean sans terre
Volant à Cœur de Lion ses rêves blasonnés.

En délicat avril, vous voici plus que Dame
Priant sur vos erreurs l'affre d'un requiem.
Vous songiez à l'amour en délaissant votre âme
Jadis de la Sicile au fier Jérusalem.

Que sur l'or du Passé le noir regret se traîne ! ...
Se meurt en l'Abbaye un râle sous les toits.
Mes amis Troubadours, il se meurt votre Reine,
Pleurez si le voulez, chantez d'amour courtois.

# *La Dame à la Licorne*

Il est là le pré joli,
Le pré qui chante et qui s'orne
Au mystérieux repli,
D'une Dame à la Licorne.

Vibre un riant Chevalier
Posant sa fine prestance,
Venu là s'agenouiller
Pour fredonner sa romance.

Sur tapis de mille-fleurs
Fébrilement, il accorde,
À l'archet de ses douleurs,
Son délicat monocorde.

La Belle au regard mutin
Écoute, se penche, et jette,
À ce jeune libertin,
Une offrande mignonnette.

Il est un bouquet joli
Au pré qui chante et qui s'orne,
Doux Pays de sans-souci
D'une Dame à la Licorne.

# *Rêves d'enfant*

Peut-être revenais-je avec d'autres Croisés
Des forts de Chypre, ayant d'un Turc le cimeterre.
Baron du Foulques Noir ou bien de Jean-sans-Terre
Mon bras se levait prompt, mes yeux étaient blasés.

Je portais l'arbalète aux champs fleurdelisés
Pour montrer aux soudards mon art de feudataire.
On m'a vu lansquenet, peut-être mousquetaire
Braver cent fois la mort pour un nid de baisers.

J'ai tant tué le temps dans ces vies anciennes
Tant recherché la Tour pour abriter mes ans
Qu'il me faut ressasser les mêmes antiennes.

Désormais, il me faut le calme à ma mémoire
La brise d'un amour à mes rêves gisants
Et mon cœur qui s'en va se glisse dans la Loire.

# *Septembre aux Très Riches Heures*

Du château de Louis deux, les travaux accomplis,
Jean, le duc de Berry, manda quelques spectacles...
Tel un long chant d'amour vers de pieux tabernacles
Fusait en tuffeau clair une robe à longs plis.

Les frères de Limbourg, sur des bleus lazzulis
Dressèrent des lis d'or, des tours et des pinacles.
D'un pinceau si léger, ils firent des miracles
En dentelant les toits et les mâchicoulis.

Plus tard, les vendangeurs si chers à Jean Colombe
Vont, en se régalant d'un raisin d'ambre et mûr,
Grappiller dans les ceps où Septembre succombe.

Les ânes et les bœufs parmi la vigne rousse
Charroient les bruns cuveaux du bon vin de Saumur...
Qu'importe si la jupe au vent doux se retrousse !

# *Complainte du Ménétrier*

Ménétrier dans sa Cour
Mon rebec a-t-il trois cordes ?
Ma viole est-elle d'amour
Pour te parer, ma Princesse ?

Ma viole est-elle d'amour
Et ton cœur miséricorde ?
Ménétrier dans sa Cour
Ne veut pour toi nulle cesse.

Je chanterai le jardin
Qui s'épeure sous l'automne,
Et le rire de l'ondin
Flûtant l'esprit de la pluie.

Je te chanterai les eaux
Où les arbres nus s'étonnent,
Le vaste ennui des roseaux,
Où le vent se désennuie.

Je n'ai rien hormis tes yeux.
Ma richesse est un nuage.
Mon rebec si précieux
Ne veut pour toi nulle cesse.

Par un matin gris et vif
Appelé par son voyage,
Ton ménétrier pensif
T'invitera, ma Princesse.

Jamais tant rousse forêt,
Mousse humide et chemin flasque,
Jamais tant ne seront prêts
À nous offrir leur mystère.

Sans un but, sans une clé
Vers un horizon fantasque,
Rebec chantant virelai,
Tes yeux me chantant la terre.

Irons-nous chercher la tour
Loin des bruits et loin des hordes ?
Ménétrier dans sa Cour
Ne veut pour toi nulle cesse.

Ma viole est-elle d'amour
Et ton cœur miséricorde ?
Ma viole est-elle d'amour
Pour te parer, ma Princesse.

# Le Deuil des Abeilles

*En 1453, à la mort de son épouse*
*Isabelle de Lorraine*
*Le roi René fit encapuchonner ses ruches*

Porterez ce matin
En douleur noir satin
Car toute peine est noire,
Voilerez écussons
Ruches, douces prisons,
Méllifiante mémoire.

Irez sous le tocsin
Crêper le doux essaim
Des vaillantes abeilles,
Isabelle n'est plus
Et le bonheur que j'eus
Fût de joies non-pareilles.

Gloserez avec moi
Dépeinerez le Roi
Direz aux messagères
Du temple alvéolé
Que sur mon rêve ailé
Larmes seront légères.

# *Vanité du Gisant*

Joignant les mains, vêtu de la simarre,
Crâne squameux sur un dur oreiller,
L'épée au flanc sous la lumière avare,
Le nez brisé, gît le Grand Chancelier.

Qui se souvient de ce noble messire,
Maître et baron, et Seigneur de ce lieu,
Recommandé par ce puissant porphyre ?
Qui se souvient de lui, si ce n'est Dieu ?

Pourquoi graver fines lettres gothiques,
Tête de mort sur deux tibias croisés ?
Temps révolus s'espéraient héroïques…
Ci-gît le Prince au temps des trépassés.

L'oiseau de feu sur lui passe et fiente,
Paré de l'or solaire du vitrail,
Heurté d'avril préludant son andante,
L'oiseau s'évade en grâce d'éventail.

Le temps s'enfuit et nul ne le rappelle,
Pour vaincre l'ombre il n'est de bouclier,
Benoîtement, dans la vieille chapelle,
Le nez brisé, gît le Grand Chancelier.

# *Vous Charles d'Orléans...*

Vous, Charles d'Orléans, et vous, Marie de Clèves
Vous qui chantiez amour à la Loire des rêves.

Poètes qui disiez tant de pages choisies
Au rondeau des saisons luisant de poésies,

Vous, le fier Joachim cherchant le clos d'ardoise
À l'œil du souvenir d'une humeur villageoise,

Vous qui pleuriez Anjou d'une âme triste et veuve,
Pour vous, voici le sang gaulois de ce vieux fleuve...

Qu'il traverse un pays que l'histoire surcharge
Qu'il naisse à la montagne et meure dans le large,

Insolent, somptueux, qu'il glisse et qu'il s'en aille
Au bleu d'un paradis, au sang d'une bataille,

Reflétant dans son cours, ne sachant plus les âges
L'orgueil de ses châteaux dominant les villages,

Qu'il soit le glaive pur au doux pays de France
Qu'il chante des amours la plus vieille romance,

Qu'il relève son col à la fourrure blanche
Si le vent de galerne écrète un chant de branche,

Vous, Charles d'Orléans, et vous, Marie de Clèves
Nous sommes compagnons à la Loire des rêves.

# *La Pléiade*

Or, délaissons Hélène, ou Cassandre ou Marie
Qu'elles aient à leur front une ode à leur beauté !
Que le Poème soit leur bijou convoité,
Lumière à leur soleil, soleil en pierrerie.

Ronsard ou du Bellay pour leur galanterie,
Ou Jodelle ou Thyard, ils auront tous chanté,
Plus que Rémi Belleau leur éternel été,
Leur amour de l'amour, précieuse songerie.

Candeur du jouvenceau, de l'adulte naïf,
Du fier savant Daurat, d'Antoine de Baïf,
Adressant à leur Belle un poème en harangue.

Se seront-ils unis à l'amour seulement,
Ou pour épanouir la douceur de leur langue,
La pureté du mot, précieux diamant ?

# *Ronsard*

Un pauvre sourd aimait une Cassandre.
Mille et un mots se tressaient dans sa voix.
Pour sa richesse et pour ses preux exploits
Que n'avait-il que la rime à répandre ?

Son cœur de feu jaillissait de sa cendre,
Brasier d'amour, brasier de dures lois.
Belle partit de son Château de Blois
Insoucieuse, aux Ducs prête à se vendre.

Un pauvre sourd traça sur le vélin
Son chant déçu qui coulait par trop plein,
Creusant sa ride et jaunissant sa mine.

Sans le Poète au cœur anéanti
Dame aux bijoux, qui caressait l'hermine
Nul ne saurait Dame Salviati...

# *Réponse à Joachim*

Heureux comme un bateau qui fait un beau voyage
Frôlant la lèvre d'or de verte floraison
Et qui va, chaque soir, en changeant d'horizon
Glisser vers l'océan le chant de son bordage.

Quand il va saluer un modeste village
Où le toit de l'ardoise est en effeuillaison
Son nautonier connaît la puissante raison
Qui lui fait préférer son pays davantage.

Plus lui plait son esquif sur le flot lumineux
Que la richesse admise au destin périlleux,
Plus qu'un rêve futur lui plait sa douce ondine.

Sa Loire qui l'emporte à son libre destin
Comme un Prince d'azur, un dernier paladin
Portant haut le blason de douceur angevine.

# *Les regrets de Joachim*

Joachim du Bellay quittant les bords du Tibre
S'en revint lentement vers son petit Lyré.
Revoyant son castel, et la Loire, et son pré,
Il aspira le vent de galerne à l'air libre.

Ce vent fort de novembre où la province vibre,
Mêlait à sa douleur un visage adoré,
Une ardente romaine au mystère nacré
Qui posait sur son cœur pire déséquilibre.

Dans le vif de l'hiver crissaient les durs glaçons.
Mais, là-bas, au soleil de Rome et des chansons,
Lumineuse, ondulait la marche de Faustine.

Sur l'ardoise en rocher, souffrant d'un dur destin,
Songeant à sa romaine au rire adamantin
Il regrettait le Tibre et sa douceur latine.

# *Sur une vitre de Chambord*

Souvent femme varie
Bien fol est qui s'y fie.
Oyez bien, chaque amant
Ces mots royalement,
Ces mots que je dédie :
« Bien fol est qui s'y fie. »

Fiers chasseurs aux arrêts
La biche tend ses rets,
Vous offrez votre vie :
« Bien fol est qui s'y fie. »

J'ai connu maint accord
Aux sous-bois de Chambord
Mais l'amour se dénie :
« Bien fol est qui s'y fie. »

De mon diamant pur,
Je trace, et j'en suis sûr,
Souvent femme varie :
« Bien fol est qui s'y fie. »

# *Léonard de Vinci*

Le Roi dit « Léonard, il faudrait que tu vinsses
En ma France ses arts dont le monde est jaloux.
Je t'offrirai la Loire et mon Château de Cloux,
Où tu serais vraiment prince parmi les Princes.

Là, tu dessinerais les toits de mes provinces,
Les belles de ma Cour glissant parmi des loups,
Là, tu t'adonnerais à tes grands rêves flous
Pour tes précis travaux que parfois tu évinces. »

Caressant longuement sa barbe aux fils soyeux
Léonard rembrunit son front de patriarche.
Il savait que le temps n'est jamais oublieux.

La France à l'Italie avait jeté son arche.
Peintre, sculpteur, savant, d'une sublime marche
Il allait lentement vers le secret des dieux.

# *Monna Lisa*

Sourire nonchalant sur des lèvres de sable,
Salive d'un baiser entre le ciel et l'eau,
Le charme de la Loire embrume son halo
Telle Monna Lisa, grâce indéfinissable.

Parachevant son œuvre, un vieux peintre inlassable
Voit le fleuve couler au-delà du tableau ;
L'osmose du divin glisse au bout du pinceau
Ourlant de son mystère un sourire inclassable.

Léonard peut mourir et s'en aller ainsi.
Amboise aura le corps et l'âme de Vinci.
L'énigme et le secret seront au cœur du monde.

La Loire emportera dans sa lumière blonde
Le pénétrant regard du génie enforci
Et la Loire sera le lit de la Joconde.

# *Secret de Charles d'Orléans*

Tant j'ai chanté Loire ma mie
Qu'en nonchaloir s'est endormie.

Doucement glisse à ses épaules
Tremblante main dessous les saules.

Tant j'ai chanté ma Loire belle
Que me suis attardé près d'elle

J'ai trouvé ses hanches de sable
Son corps d'ondine insaisissable

Longuement la nuit est venue
Baigner ses draps de couche nue

Tant j'ai chanté Loire ma mie
Qu'à l'aurore s'est endormie.

# *La Dame au Bain*

Sur le grain poncé d'une fine toile
Le pinceau de martre au doigt de velours
Pose doucement le suprême étoile
Qui rendra divin le sein des amours.

La lumière glisse, éparse, et déferle,
Frôlant un or roux de deux bracelets,
Sur le front rêveur irisant la perle
Ou jouant dans l'œil en subtils reflets.

La natte scintille en douce auréole,
Mignonne est l'oreille et lascifs les doigts,
Hautaine la lèvre où la rose vole,
Friande la peau sous la main des rois.

Mais la Dame au Bain qui rêve et ne cesse
D'apaiser nourrice et marmots gourmands,
Suprême beauté, buste de princesse,
Mais la Dame au Bain rêve à ses amants.

# *René le Roi Poète*

*« rendaient grande lueur*
*quand le soleil luisait sus… »*
René d'Anjou

C'était grande lueur quand luisait le soleil
Dessus les fleurs de lys frôlant les girouettes,
Dorures des toits fins que chantaient les poètes
Auprès du Roi René tenant là son conseil.

L'heure devenait riche au Château sans pareil
Étincelant de tours, de clartés et de crêtes.
La Loire au ruban bleu, plumetis de mouettes
Pour ces fiers troubadours retenait son sommeil.

Chantaient des mots d'amour, des récits de légende
Au précieux fleuron qu'était alors Saumur,
Chimériques espoirs de la Reine Yolande.

C'était grand lueur et première espérance
Que déjà se choisir un langage si pur
Pour éblouir l'esprit qui fleure bon la France.

# *Cinq Mars*

Cinq Mars l'écervelé cherche querelle au dieu,
Au maigre Cardinal perclus dans sa souffrance.
Cinq Mars a la jeunesse et toute l'espérance,
Le vieillard ennemi n'a qu'un nom : Richelieu.

Seul Maître de la Cour, des Grands menant le jeu
L'ascétique profil croche un bec sur la France ;
Il ordonne, on se tait, on saigne sa garance,
On s'agenouille à lui comme on craint son œil bleu.

Cinq Mars l'écervelé, le beau Cinq Mars précoce
Ne rêve qu'au pouvoir, ce fruit des ambitieux
Mais l'or est trop brillant sur son dernier carrosse…

Jaloux, le Cardinal prend sa force et sa vie
Rase son fier château légué par ses aïeux
Ses forêts et ses tours à hauteur d'infamie.

# *Complainte du manant amoureux*

Moi, qui ne suis que ton manant
Soignant ta vigne
Laisse-moi t'offrir maintenant
La fleur insigne.

Moi, jardinier de ton enclos,
Mains de misères,
Laisse-moi t'offrir, les yeux clos
Ces primevères.

Fière, tu vas sur ton cheval,
Courant la plaine
Laisse-moi cueillir dans ce val
Ta douce haleine.

Serrant ton éperon du pied,
Toi qui te sauves,
Laisse-moi cueillir, s'il te sied
Ces iris mauves.

Pour toi, je n'ai que des parfums
Ou des pétales
Laisse-moi t'offrir des deux mains
Ces fleurs royales.

Voici le lys au long dédain
Ouvrant son baume,
Laisse-moi couper au jardin
Fleur du royaume,

Royaume du pauvre manant
Vivant le pire
Ou, d'un doux geste, maintenant
Serait ton sire.

# *Automne révolutionnaire*

J'entends hurler la populace des vents
Ça ira, ça ira, ça ira vers l'hiver
Vers les piques dressées des arbres nus
Vers l'âne sans-culotte ou l'oiseau sans raison

Tous les ors feuillus de mon Versailles
Ma forêt sacrée sera massacrée
Ça ira, ça ira, ma rouge carmagnole
Ma tête promenée sur le sang de l'automne
Quand sifflera le couperet de la tempête.

Ces vents populaciers voleront mes cocardes
Le bleu de mes étés ou mes aubes blanchies
Et le sol rougira sous le sang du Poète
Ça ira, ça ira vers la route infernale
Vers la torche de feu pour brûler mes châteaux
Alors, je brandirai mes mains aux lourdes chaînes
Implorant floréal, criant ma Liberté !

# *La Belle au Bois Dormant*

Nul ne sait le château des yeux ensevelis
Seule, une vieille histoire
Évoque cette Belle à la robe en surplis
Gisant près de la Loire.

Pour cent ans, elle tient, la Belle au Bois Dormant
Des immortelles roses.
Elle sourit d'amour en attendant l'amant
De ses métamorphoses.

L'oiseau pour la bercer laisse au nid son duvet,
S'invente une romance
Et de son aile effleure un front fait pour rêver
À la douceur de France.

Nul ne sait le château où repose l'amour
Ni le sentier qui mène
Vers la blonde Princesse, et nul ne sait la Cour
De sa si longue peine.

Les volants écureuils, les chevreuils ébahis
N'ont plus de sarabandes,
Et gardent le secret d'un étrange pays
Aux brumes des légendes...

Pour cent ans, pour cent ans, peut-être pour mille ans
La Belle qui sommeille,
La Belle émerveillée aux regards des enfants
Que nul ne la réveille.

# *Lissière, ma voisine...*

Dame d'antan, vous qui rêvez
Danse d'aiguilles et haute lice,
Si douce main, vous qui savez
Très lentement être complice
En ces temps stressés et pressés
Recomposer toute verdure,
Attentive sœur des étés
Chantre secret de la nature,

Dame d'antan, je vous regarde
Épanchant votre fin profil
Être un éveil au pauvre barde
Être tendresse au bout du fil,
Retraçant les feuilles d'acanthe
Adoucissant tous les rehauts
Ourlant le sein de la bacchante
Ou fondant les reflets des eaux,

Persévérante, vous allez
De cette pointe minuscule
Si lentement dorer les blés
Sur les roses du crépuscule
Enchantant le ciel et la mer
Du long rayon d'un fil de soie…
Je voudrais tant être Vermeer
Pour éterniser votre joie.

# *Sur une cavatine*

Écoute la cavatine
Qui de ses doigts fins trottine
Sur les tuiles d'un clavier
C'est la pluie en croque-note
Pizzicato qui grelotte
Sur le vieux toit de janvier.

C'est la gigue et la gavotte
L'archet du vent qui pivote
Le point d'orgue et le soupir
La clé du sol en démence
Qui ferme à la nuit immense
Le secret d'un souvenir

Le largo d'un violoncelle
Le fifre qui t'ensorcèle
La strette ou le temps si bref
La bise ou parfois la brise
La cavale ou la reprise
Sous la cadence d'un chef

C'est le grand ciel virtuose
Qui module et recompose
Sur les tuiles d'un clavier
C'est dans la nuit infinie
La divine symphonie
Sur le vieux toit de janvier

Écoute la cavatine
Si légère et si mutine
Sur le vieux fleuve royal
Elle s'intègre aux deux rives
Elle exalte les eaux vives
Pour stimuler l'idéal

Ruissellement d'une harpe
Mélodie en douce écharpe
Allégro, moderato
Écoute la cavatine
Qui de ses doigts fins trottine
Sur les gammes d'un piano

# *Ma province d'enfance*

Ma province était belle aux yeux de mon enfance,
Mon île avait le cœur d'un nouveau Robinson ;
Mon île avait le chant du jardin de la France.
Ma province était chère à ma jeune chanson.

La Loire s'en allait en composant des marbres,
Veines d'or se glissant à des remous trop gris
Ou paillettes d'argent scintillant sous les arbres ;
La Loire s'en allait sous mes regards épris.

Au loin, j'apercevais des tours en poivrières
Serties dans un écrin de coteaux onduleux,
Des sables alanguis, des bosquets en prières,
De larges horizons translucides et bleus.

Chantait pour moi l'amour au vol clair des mouettes,
Un temps en interlude au long balancement,
Le mot que n'ont pas dit les illustres poètes,
Le bonheur savouré plus clair qu'un diamant.

Par les flots qui s'en vont mes yeux sont-ils les mêmes,
Mon île, ma province en soucis d'horizons,
Loire du souvenir aux secondes suprêmes
Qui perle sur mon cœur chapelet de chansons ?

# *Le Rêve*

Loin du bruit des cités, avoir une maison
Un clair logis, avec un toit de tuiles roses.
Fuir loin des envieux maussades et moroses
Et n'avoir dans son cœur qu'une belle saison.

S'enivrer chaque jour d'un superbe horizon,
Respirer un air pur que parfument les roses,
Écouter le conseil des plantes et des choses
N'est-ce pas le bonheur et la saine raison ?

Ouvrir à l'indigent une accueillante porte
Et remercier le ciel des dons qu'il vous apporte
Est-ce vraiment assez pour se sentir heureux ?

Non ! Pour que le bonheur soit complet, chez le sage,
Il faut le radieux, le merveilleux visage
D'une femme au cœur pur dont on est amoureux.

## *Nouvel An sur la Loire*

Tisser les mots en points de haute lice
Fleurir sa vie en pétales d'amour
Cueillir l'instant dans le Val du délice
Humer la Loire, et lui faire la cour.

Reviendrez-vous, joli temps des glycines
Glisser parfums à l'air frais du matin
Lancer l'abeille aux corolles voisines
Et l'hirondelle aux fins draps bleus de juin.

Ah ! que l'hiver s'enrhume dans sa brume !
L'espace tousse à l'écharpe du ciel,
Le feu s'éteint, le souvenir s'exhume…
Reviendrez-vous, jours d'œillets et de miel ?

Passent les flots sous une blanche lame
Scindant, là-bas, les coteaux désolés,
Passe le temps parlant de l'âme à l'âme…
Restent tes yeux, de mirages voilés.

Le vent s'acharne ou frémit sous la porte,
Mais l'an de grâce offre son premier jour ;
Passent les flots dilués dans l'eau forte
Où sont gravés les traits de notre amour.

# *La Robe aquarellée*

Sur tes cailloux lissés par ton flot millénaire
Sur ton sable si fauve où mes pas sont plus lents
J'approche en amoureux, Loire que je vénère
Ta robe aquarellée aux flous des goélands.

Les frissons du matin scintillent sur ta robe
Plaqués soudainement d'un éventail d'argent
Le rameau s'y reflète et l'hirondelle y gobe
L'exquise goutte d'eau d'un dessin négligent.

Mes lambeaux d'idéal envasés dans tes grèves
Témoignent depuis lors notre complicité
J'ai volé ton amour mais tu gardes mes rêves
Et ta blonde lumière ouvre ma cécité.

Laisse le beau matin emplir ma souvenance
Va jusqu'à l'océan dire notre unisson…
Ton ruban bleu et or, c'est le signet de France
Glissant dans le recueil de ma bonne chanson.

# *Maisons de ma vallée*

Maisons de ma vallée au charme de l'automne
Fusant dans les rousseurs dévalant des coteaux
Vous mirez vos fronts clairs dans le reflet des eaux
Quand la fumée au ciel se disperse et s'étonne.

Quand s'enflamme le mur vêtu de vignes vierges
Vous refermez la porte aux lointains empourprés,
Senteurs de champignons, folle ronde des prés
Et danse de la feuille échevelant les berges.

Maisons de ma vallée à vêture d'ardoise
Fenêtres et rideaux d'où s'agite une main
Je sais votre harmonie et j'aime le chemin
Qui s'enlace d'amour au cœur qu'il apprivoise.

Je sais votre regard, vos yeux doux et tranquilles
Guettant le cormoran, plongeur des hautes eaux,
Vous priez cette Loire empruntant aux roseaux
Les mots du chapelet où s'égrènent ses îles.

# *Les gris vaisseaux*

Sont revenus les gris vaisseaux de l'Atlantique
Voguer sur les houles des coteaux roussis
Tangage de l'automne où j'avais oublié
Le murmure des pluies,
La voix douce des pluies perlant à chaque feuille
Plaquant les éventails des rameaux affolés.

Sont revenues les pluies de chantantes mémoires
Balayer les auvents moussus
Créant de fins miroirs au creux des fondrières

Sont revenus les gris vaisseaux de l'Atlantique
Somptueux, haubannés de feuilles d'or
Trirèmes ou galions aux flancs lissés d'orage
Frégates vives glissant sur des gouffres soyeux

Sont revenus les lourds vaisseaux de mon automne
Pour me ravir à leur voyage.

# *La Dame Favorite*

Si de Nevers tu vas glissant vers Nantes
Ma lente Loire au rêveur nonchaloir
En trame d'or, et reine des amantes
Sache le bien, tu es notre miroir.

Tous les Châteaux veillant à ton escorte
Tous les jardins par ta grâce fleuris
Chaque maison, chaque toit, chaque porte
Disent leur joie ou demeurent épris.

Pourquoi nommer tous ces riants villages
Noués à toi qui ne peut oublier ?
Ils sont la perle, adorables mirages
Aux doux reflets d'un somptueux collier.

En parfumant les coteaux de Sancerre
D'un air léger, de Gien vers Orléans
Tu prends chaque île, et chaque bord se serre
Sur tes seins nus comme font les enfants.

Tu viens braver Blois à la salamandre
Lorsque chacun, poète à sa merci
Ne peut tresser que les mots à s'éprendre
Par Genevoix qui répond à Vinci.

Et tu t'en vas par les ors des vignobles
Majestueuse, en tes habits pourprés…
Qu'éprouvons-nous, devant tes yeux si nobles,
Pauvres manants sur la terre égarés.

Tu veux toujours, et tu reveux encore
Une parure, un éclat, un bijou,
Un diadème où le château décore
De ses doigts fins la Touraine ou l'Anjou.

Si tu t'en vas en te glissant vers Nantes
Ma lente Loire au rêveur nonchaloir
En trame d'or, et reine des amantes
Sache-le bien, tu es notre miroir.

# *L'immense crue*

Une longue torpeur sous sa grise vêture
Envahit la prairie et le petit jardin,
Cernant le vieux tilleul qui mire sa mâture
Dans le glauque miroir d'une eau triste et sans fin.

Tous ces reflets plombés ont des bras de racines
Des tremblements d'effroi sur de subtils lavis
Et ma barque enchaînée aux rages des ondines
Vogue, tenant le cap d'un étrange pays.

C'est peut-être mon sort sous un ciel noyé d'encre
Que d'être sans rivage au cœur désespérant,
Maintenir l'existence au vieux bateau qui s'ancre
Lutter, lutter encore au plus fort du courant.

# *Les bois flottés*

Les bois flottés s'en vont tordant leurs moignons d'ambre
Ils glissent lentement
Si noire procession d'un long soir de novembre
Ils vont superbement
Figés et convulsés sur la nappe liquide
Leurs volutes au vent
Sculptures d'âpretés, ossatures sans guide,
Navires du néant.

Ton esquif en allé crispant son amertume
Se glisse lentement,
Ta vie hante l'écueil ou tremble dans la brume
Victime de l'instant,
Tu vas heurtant la pile ou délaissé par l'arche
Si misérablement
Où rien ne se retrouve, où rien ne plie ou marche
Tu vas à l'océan.

# *Souches et bois de Loire*

L'un ressemble au dragon, cet autre à la chimère
Ils sont masques du fleuve aux rythmes vigilants
La crue en sa démence a sculpté leurs élans
Et la pluie a lavé l'impassible matière.

Ce sont des cous, des corps, des torses en colère,
Les oiseaux de l'enfer, convulsifs et troublants,
Des souches dans l'air dru, des bras offrant leurs clans
Aux oiseaux réfractant les pans de la lumière.

L'eau grise a su fixer ces monstres décharnés
Engloutis dans le sable en suppliant l'aurore.
L'eau grise s'est offerte aux blocs hallucinés,

Et ces fiers arrogants que l'hiver décolore
Nous ressemblent parfois, mutilés, torturés,
Tendant vers le ciel lourd nos bras désespérés.

# *Deux cygnes*

Deux cygnes qui voguaient depuis les lacs d'Écosse
Cadençant leur envol hauturier et puissant
Pour un poète gris marchant au gel précoce,
Deux cygnes sur la Loire ont posé leur croissant.

De novembre à Noël, leurs ailes de banquise
S'ébattent doucement sur l'horizon figé.
Un éventail de rêve, une douceur exquise
Pavanent sous mes yeux dans l'absolu nacré.

Sous la brume d'hiver, quand le lointain s'argente
Leurs deux nacelles vont glisser si lentement,
Mozart est revenu composer un andante,
Verlaine apporte aussi le duo de l'amant.

Watteau cherche l'accord d'une fine aquarelle.
Les mots et les couleurs s'effacent au matin.
La divine harmonie étend son duvet d'aile
Et la Loire s'invente un reflet de satin.

# *Prière*

Si paisible matin de ronronnants pigeons
Où les merles jaseurs sont de savants poètes
Où, prisme lumineux sur l'orgueil d'or des joncs
S'aère l'éventail somptueux des mouettes.

Si paisible matin de rêve essentiel
Adoucit mon combat, baigne ma tête lasse,
De la racine obscure aux merveilles du ciel
Redonne à mon ardeur la rose de ta grâce.

# *La Marche aux oiseaux*

Ils se posaient sur l'herbe rase des hivers
Tournoyant, projeté dans l'air doux et limpide
Pendant que je marchais en griffonnant des vers,
Longeant la vaste Loire au regard translucide.

Une invisible main jetait leur éventail
Leurs trémolos d'espace aux ailes cristallines,
Ils dansaient un ballet fluide au clair vitrail
Que l'orange du ciel fixait d'heures divines.

Leur joie était ma joie aux appels allégés
Ils volaient. Je marchais dans la même cadence,
Le gel frangeait la grève, et les arbres figés
De leurs moignons tendus applaudissaient la danse.

# *Le Héron*

Il a figé sa longue hampe
Aux remous du dernier courant,
Gracilisé dans son estampe
Il guette un vif poisson d'argent.

Sous l'ombre des rameaux qui pleurent
Il peut demeurer, aérien,
Oublieux des si longues heures
Oublieux s'il ne passe rien…

Parfois, son aile se déplie
Sur gris cendré de son camail
Agitant la mélancolie
Vaine et douce d'un éventail.

Fuyez poissons loin de cette île
Ce héron à l'œil noir et sec,
Sa candeur ou son air tranquille
À pour épée un large bec.

# *Les Cormorans*

Les cormorans plongeaient sous les glaçons bleutés.
L'hiver, l'hiver lucide, âpre cristallerie,
Si lentement fondait la dure féerie
D'une laitance bleue et de gris ouatés.

Quelques flocons valsaient sur des airs indomptés,
Sur des fifres de bise ou de flûte qui crie,
Sur des mots douloureux d'une âpre griserie
Les cormorans plongeaient sous les glaçons bleutés.

Fallait-il espérer de ce ciel sans augure ?
De cette blanche Loire au flot qui transfigure ?
De ce soleil si neutre aux si lointains appels ?

Croire à la branche neuve, au frisson d'un pétale
Aux cormorans partis d'un long vol qui s'étale
Emportant nos frimas vers d'autres archipels ?

# *Le Départ des cormorans*

Ce soir, les cormorans ont quitté l'eau trop basse,
Vers l'est, ils sont partis en triangles mouvants,
Ils se guidaient au fleuve où la grève prélasse
Un sable gris de plume ourlé par tous les vents.

Au vide impétueux ils brassaient leur mystère,
Souple géométrie, algèbre d'inconnu.
Qui regroupait ce vol du pêcheur solitaire ?
Pourquoi s'interroger ? L'ignorance est à nu.

Les nuages du soir ombraient leurs jeux de marbres,
Pensif, je demeurais jusqu'au dernier profil,
Sans avoir discerné qu'autour de moi les arbres
Jetaient le vif éclat de ce premier avril.

# *Les Amants de la Loire*

Ils quitteront la table
S'en iront deux à deux
Sur des rives de sable
Au sol silencieux
Ils n'auront pour mémoire
Que la douceur d'aimer
Les Amants de la Loire
Épris au mois de mai

Ils iront sous un saule
Pour s'étendre en songeant
Lorsque la brise frôle
Ce long ruban d'argent
Ils en sauront l'histoire
Le rêve et la beauté
Les Amants de la Loire
Sous les joncs de l'été

Ils marcheront tranquilles
Quand Septembre au vol d'ors
Sur des chapelets d'îles
Dévoile ses trésors
Quand tout semble illusoire
Aux danses des coteaux
Les Amants de la Loire
Possèderont châteaux

Ils reviendront plus sages
Au pays d'autrefois
L'ardoise des villages
Abrite un feu de bois
Ils n'auront pour mémoire
Qu'un superbe horizon
Les Amants de la Loire
Blottis dans leur maison

# *Sur un Balcon de Loire*

Sur un balcon de Loire, une brume indécise
Adoucit les reflets d'un miracle changeant
Et, comme un blanc bouquet s'élève dans la brise
Les mouettes tournoient au gré d'un vol d'argent.

J'aime les rencontrer à l'heure matinale
Où le pêcheur figé s'imprègne à son bateau,
Grisaille sur fond rose où le soleil signale
Les premiers rayons d'or qui vont plonger dans l'eau.

Porteuses de bosquets, langues des longues grèves,
Sur le sable amolli, je m'en reviens vers vous,
Épelant ce parler qui n'appartient qu'aux rêves
Syllabes de clarté sur un flot qui m'est doux.

# *Interlude*

Opalescente
Et lente
Un matin de brouillard
La Loire au vent d'automne
S'étonne
Sous un soleil blafard.

Les feuilles cadencées
Bercées
Ravivent son manteau
Sa fine et longue traîne
De Reine
Sortant de son château.

Va dire à l'hirondelle
Ma belle
Que l'on craint son exil
Qu'en gardant sa mémoire
La Loire
Fleurira dès l'avril.

# *Sous ton manteau lamé*

Sous ton manteau lamé glissant rêveusement
Quand tu vas, dans la nuit, Loire mystérieuse
Au rendez-vous d'amour, lequel est ton amant,
Et qui va s'allonger à ta couche joyeuse ?

Sous ton manteau lamé, glissant rêveusement,
Sois belle jusqu'au jour, nudité dans ses voiles,
Crains le frileux matin bien plus que ton amant,
Il va dilapider ta couronne d'étoiles.

# *Langues d'or*

Tirez langues d'or
Comme un pauvre diable
Loire s'en ira

Tirez langues d'or
D'azur et de sable
Loire passera

Comme sont passées
Les lentes années
de fiel et de miel

Comme sont allées
Les mains desserrées
Si loin dans le ciel

Tirez langues d'or
En reflets sauvages
Loire doucira

Tirez langues d'or
Grèves et rivages
Loire passera

Comme sont passées
Nos joies éthérées
Couleurs d'arc-en-ciel

Comme sont allées
Les amours données
À nos yeux de sel

# *L'esprit de la Loire*

Au jardin de la France une belle se pâme
Son regard est d'azur et d'or ses cheveux longs
Parmi ses fins châteaux, si vous cherchez son âme
Vous saurez la splendeur des pas sur les sablons.

Vous dirai-je le nom de ma divine amante
Qui délie à mon cœur la soie de ses rubans
Qui rêve sous l'ombrage et dont le corps m'enchante
Vous dirai-je le nom redit par ses amants ?

Elle fuit et revient et s'alanguit sans cesse
Elle reflète amour de mon vieux cœur épris
Vous dirai-je le nom de la Loire-Princesse
Qui me fait divaguer sur des horizons gris.

# *Le vieux Bateau*

C'est à travers la houle des herbages
Que j'entrevois le friselis de l'eau
Les arbres bleus pommelant les rivages,
La grève d'or allongeant son fuseau.

C'est à travers ces éclairs de mémoire
Que se dessine un émouvant tableau :
Très attentif, au milieu de la Loire
C'est mon vieux père avec son vieux bateau.

# *Mon Pays*

Il est là mon pays, il vous tend sa guirlande
Au-dessus de la Loire au ciel léger de lin,
On y voit Jeanne d'Arc près de Reine Yolande
Et les frontons dressés du monde châtelain.

Tapis de mille-fleurs tissés de haute lice,
Maisons de mariniers mirant leur blond tuffeau,
Venelles des caveaux où le vin d'or, complice,
Attend les grandgousiers aux lèvres du tonneau.

Il est là mon pays sous sa lumière douce
Frangeant le fin nuage au fil des peupliers,
Berçant d'ardoise bleue, un bel écrin de mousse,
Invitant le passant fleurant ses fins vergers.

Envols clairs des ramiers roucoulant sous les fuyes,
Filtres mystérieux les vieux porches romans,
Prieurés écroulés, champs de blé, champs d'orties
Où le dolmen enclôt le serment des amants.

Il est là mon pays, toujours prêt à se peindre,
S'ouvrant à la Pléiade où chantait du Bellay,
Balzac y trouve un lys dans la boucle de l'Indre,
Péguy puise en sa Loire une rime à son lai.

Son esprit c'est l'Anjou, sa grâce la Touraine.
Toujours le vent de mer, chez lui, s'est adouci,
Et, sereine, sa traîne, un mirage de Reine
Glisse à des franges d'or son rêve sans-souci.

Il est là mon pays, savouré par la Loire
Souverain dans la paix, bienheureux dans son val,
Délectant tous ses fruits, se consumant d'histoire,
Cadencé lestement au rythme du cheval.

# *Premiers pas*

Où sont mes pas d'enfant, mère aux doux yeux d'amande
Courant au sable fin du fleuve évanescent,
Loire qui caressait l'île de ma légende,
Navire où je goûtais la liberté du vent.

Mes pas s'en sont allés sur la berge gracile
Parmi les peupliers et les jardins fleuris,
Auprès du châtelet des Reines de Sicile
Festonnant le tuffeau sous des panaches gris.

Où sont mes pas d'enfant menant vers la lumière,
Les pigeons d'éventail, le doux chat caressé ?
Rien n'a su remplacer cette grâce première
Filtrant dans le miroir éclatant du passé.

# *Île*

Enfance, ma prairie
L'envol des premiers oiseaux
Ma liberté, ma féerie
Ma Loire qui me tend les grands bras de ses eaux

Douce enfance, mon île
Glissant mon premier vaisseau
Dérive d'un bonheur tranquille
Belle Loire émouvante et mouvante en son eau

Enfance, mon navire
Depuis, j'ai tant navigué
Tant nagé dans l'onde pire
Que je suis tant fatigué, ô gué, ô gué, ô gué.

# *Il pleut*

Il pleut sur Orléans, sur Blois et sur la Loire,
Il pleut sur la vallée où sommeille ton cœur.
Les arbres confondus dans la brume illusoire
Savent déjà l'automne à l'éveil de ce pleur.

Il pleut sur Beaugency, sur Tours et sur Vendôme,
Sur les toits effilés d'Amboise ou de Saumur.
Il pleut si doucement sur mon si doux royaume,
Il pleut sur ma pavane, il pleut sur mon azur.

Il pleut sur la maison qui rêve et tambourine,
Sur les harpes des cieux où se fige la fleur,
Il pleut quatre saisons d'existence divine,
Sur notre ardoise, il pleut des larmes de bonheur.

# *Impressionnisme*

Si lentement, le soleil
Est sorti de son sommeil.
Son œil s'étonne en silence.
Sa grande pupille luit
Bat les longs cils de la nuit
Et comme un oiseau s'élance.

Là-bas, dans les ors brouillons
Il affine ses rayons
Sur la mousse d'un nuage,
Il tremble au reflet de l'eau
Pose un point rouge au chapeau
D'un I majuscule sage.

# *Matin des Rameaux*

On regarde le ciel au matin des Rameaux.
D'où vient le vent ? C'est une brise qui chavire
De joyeux papillons aux rutilants émaux.

Là-bas vogue un nuage, un somptueux navire
Glissant du long pays des oiseaux migrateurs.
Vers lui tous les pollens, toutes les étamines
Tous les brandons noircis tendent bourgeons et fleurs.

C'est l'éclat délirant des touffes d'églantines
Des flaques d'herbe drue où se noient les fourmis,
Des étoiles jetées sur l'or des primevères.
Des œufs luisant d'avril sur les duvets des nids.

Le ciel est aussi bleu que le chant des trouvères
Mes mots et mes rameaux sont un jaillissement,
Cantilène de joie, hymne ardent des poètes…

Mais je regarde en vain tourner les girouettes
Cherchant sur ma boussole où s'est perdu le vent.

# *L'âme de la girouette*

Toi qui ne grinces plus sur les toits ardoisés
Laisse le vent glisser son rêve de poète,
Tourne, tourne, là-haut sur des cieux pavoisés
Pour enchanter nos jours, ma belle girouette.

Dis au soleil luisant de guider le bon jour,
Montre où je dois aller au chemin du mieux-vivre
Sois dans l'immensité le petit point d'amour
Où je vais revenir sous ta hampe de cuivre.

Vibre et palpite encore à tous les horizons
Reconnais mes amis, veille au temps qui surpasse,
Et, sur le clair logis, berce-toi des saisons
Éffeuillant mon bonheur aux souffles de l'espace.

# *Le jardinier du dimanche*

Fort surveillé par les mésanges
Guettant la manne des repas,
Je vais briser quelques phalanges
Aux bras violacés des lilas.

En dérangeant plus d'un diptère
Et songeant aux premiers semis
Je vais, en remuant la terre
Effarer l'ordre des fourmis.

Extirpant la blanche racine
Ou scindant la nymphe d'un ver,
Je vais, d'une bêche assassine
Abolir l'enclos de l'hiver.

Trésor de la terre mouillée
Argile gluante à mes doigts,
Terre à l'espérance mêlée
De couleurs, d'odeurs et de voix,

Je te tiens, je sens, je t'admire
Sortilège mystérieux
Qui va renaître au vaste empire
De la complicité des cieux.

# *Premier mai du peintre*

Une flûte m'enchante au jardin parfumé.
La robe des lilas danse une cavatine.
Madame la fourmi fébrilement trottine ;
Une heure a dû tinter aux clochettes de mai.

Sous la fière tulipe au cœur tout enflammé,
L'œil frais du myosotis au ciel bleu se lutine,
La pensée adoucit son velours où butine
Un bourdon colonel au ventre costumé.

Une rose a tendu son cou mince et gracile
Découvrant ce parterre où s'annonce une idylle :
Un couple de pinsons veut un nid de douceur.

Une immense palette au jardin de mon cœur
M'offre en chantant l'amour ce printemps qui jubile
Et je découvre enfin l'essence du bonheur.

# *Terrasse de juillet*

Au paradis des fleurs tous les cœurs sont poètes.
Avez-vous vu la main qui leur dispense l'eau ?
Une femme attentive est là dans ce tableau,
Parlant avec amour aux vestales muettes.

Les stratus aux longs doigts portent des reflets mauves ;
Le ciel s'est attendri dans l'extase du soir.
Les oiseaux de Juillet roucoulent du nichoir.
L'ombre glisse en fraîcheur aux mousses des alcôves.

Puise au fleuve cette eau. Les fleurs que tu arroses
Au langage sans mot savent dire merci.
Pour complaire à l'été, sachant ton seul souci
Elles vont te vêtir du fin parfum des roses.

Elles vont admirer ce corps d'amour intense
Ce cœur qui se déverse au chant d'un ruisselet,
Ce cœur qui reste en moi, ma ronde et mon couplet,
Cette douce harmonie où va notre existence.

# *Requiem d'octobre*

Une si douce brume étend sa longue écharpe
Aquarelle diffuse au meilleur des Canson,
Mélodie où le corps d'un héron devient harpe
Pour invoquer l'automne en ultime chanson.

Octobre apporte ici pinceau de chamarrures,
Artiste incomparable il compose déjà
De transparents glacis, des ombres, des dorures
Sans souci de l'oiseau qui glisse et qui s'en va.

Le temps suspend l'instant et l'âme s'interroge.
D'une flûte au printemps vint l'orgue de l'été.
Le métronome aussi répondit à l'horloge.
Sur une strette d'or, seul l'automne a chanté.

Vont en s'éparpillant nos existences vaines
Vont les feuilles glissant aux silences des nuits.
Et le fleuve immobile est un miroir de peines,
Et la brume s'étend pour étouffer les bruits.

# *Ma jardinière*

Comme aux jardins des Alhambras
Ton bras
Au soir d'or, lentement, ruisselle,
Caressant parfums et couleurs
Des fleurs
Où ton arrosoir étincelle.

De fins nuages orangés
Légers
Bercent de grâce saisonnière,
Teintent l'eau de ton arrosoir
Ce soir
Ce soir d'amour, ma jardinière.

Le temps s'interroge et poursuit
La nuit,
La nuit qui ne veut pas descendre
Et qui s'en vient pour arrêter
L'été,
En jetant son bouquet de cendre.

# *Jamais, tu ne sauras…*

Jamais, tu ne sauras quand l'automne est venu,
Un frisson sur la rive, une brise à tes lèvres
Un châle qui surprend sur une épaule nue…
Un vol d'oiseaux lointains en triangle s'élève.

Avance dans mon âme et sois mon ingénue
Sois la rose plus pâle au long regard figé
Jamais, tu ne sauras quand l'automne est venu
Or, ce matin doucit la pomme du verger,

Ta main semble plus fraîche et ton regard s'épeure,
Apaise-toi, la brume est légère, et les heures
Se feutrent longuement d'amour et d'inconnu.

Septembre offre à l'été une douceur exquise
Berce ta rêverie à sa grâce imprécise…
Jamais, tu ne sauras quand l'automne est venu.

# *Révérence*

La Loire est belle au point d'en dire
L'éternité de son sourire
Et sur son flot gris qui se moire
L'éternité de sa mémoire.

Toi qui connus la longue plaie
Pose ton cœur sous la saulaie
Repose enfin l'art de tes rêves
Au long des langueurs de ses grèves.

La Loire est douce au point d'en être
Amoureux à se compromettre
La Loire est belle au point d'en dire
L'éternité de son sourire.

# *Demain*

Demain sera la rose à la robe de sacre
Une couronne d'or emperlée à la nuit
Un sceptre impérieux sur des surplis de nacre
Demain sera la rose au matin reconduit.

J'irai te la cueillir au jardin de mes fièvres
Embrasé par l'amour qui su la contempler,
Porte-la longuement au ruisseau de tes lèvres,
Qu'elle boive ton cœur avant de s'en aller.

# *Le vieux rosier*

Mirage d'un été, miracle sur le mur,
Tout épuisé d'amour, le rosier se dessèche.
On ne reverra plus sa vie et sa flammèche
Comme un papillon fou délirer dans l'azur.

Il faut, bien tristement, couper la grise écorce
Où la sève élevait un si troublant parfum,
Tronçonner ce bois mort qui prolonge sans fin
Les étés révolus de jeunesse et de force.

Des yeux le contemplaient dès les premiers bourgeons
Des femmes admiraient ses velours virtuoses,
On lui volait, jadis, ses corselets de roses
Pour l'offrir aux amours auxquelles nous songeons.

Faut-il, un soir d'hiver glissant ses violoncelles
Jeter au feu joyeux son vieux bois délavé
Et voir, dans l'âtre noir, ce présent retrouvé,
Ses roses jaillissant en bouquet d'étincelles.

# *Larmes*

Mes yeux sont noyés d'eau pour admirer le fleuve
Pour capter la lumière au tain de bel argent.

Toi qui connais mon âme, et qui sait mon épreuve
Sonde à ce clair miroir chaque reflet changeant.

S'en va l'onde si pure en ce Noël de grâce
S'en va le flot d'hiver de ce cœur éclaté.

Au chemin de douleur s'en va ma peine lasse
À l'horizon fondu se noient les jours d'été.

# *Rêverie en la mineur*

Si lente et longue et douce mélancolie
Langueur d'un pâle automne et surprise
D'un cœur qui se replie
Aux prémices d'une grâce indécise.

Fluidité subtile de septembre où glisse
L'oiseau gorgé d'été de tes voyages
Brumes sur l'eau, songes vains d'une esquisse
Fantômes qui se jouent, impassible naufrage.

Si vaste et claire et douce mélancolie
Vasque nacrée où plane l'écho d'une embellie
Si lente et longue et douce mélancolie…

# *Que ma joie demeure*

Corail précieux du jour, brume sur la vallée
Roucoulements des nids, extase de l'éveil,
Après moi reviendrez sur ma vie en allée
Inépuisablement aux grâces du soleil.

Aux yeux de mes enfants, offrirez-vous encore
Ces rythmes lents d'oiseaux qui sont autant d'appels,
Tout ce miraculeux qui vibre dans l'aurore
Ou ce brasier du soir dorant des archipels ?

À leur paisible souffle auront-ils cette brise
Ce grand air dilué par d'étranges parfums,
Ces poumons de l'espoir où la gorge herborise
Mystérieusement la vie à ses confins.

Le fleuve s'est figé dans la suprême extase
Renversant le décor, et le doublant aussi,
Mon crayon suspendu n'en peut finir sa phrase
Tant mon cœur ébloui dit au ciel son merci.

# *Pèlerin de la Loire*

Pèlerin de la Loire as-tu marché souvent
Aux sables onduleux modelés par le vent
Scandant ta lente marche avec un bâton lisse
Laissé là par le fleuve aux lèvres de silice !

Tu regardais cette eau plus qu'un miroir changeant
Glissant l'or des îlots sur des remous d'argent,
Et, contemplant ce bois porteur d'un long voyage,
Vous saviez le secret de l'inconnu rivage.

Où s'en allait ta vie à l'âpre liberté
Cette errance d'alors ainsi qu'un bois flotté
Éclissé, délavé, éclatant sa détresse
Là-bas, où s'en vont seuls les muets en sagesse.

Pèlerin de la Loire au cortège d'oiseaux
Avec ton bâton lisse écartant les roseaux,
Marche à ton dernier souffle avec le flot qui passe
Là-bas vogue un couchant merveilleux de l'espace.

# *Anjou n'est que douceur*

Anjou n'est que douceur de ciels aux vastes lignes.
La Loire est un signet qui s'en va partageant
La plaine ou le coteau de son ruban d'argent,
Livre d'or ébloui de châteaux et de vignes.

Aux amoureux, la rose a souvent fait des signes.
Les toits bleuis d'ardoise effeuillent en songeant
Les pages du bonheur sous le doigt engageant
D'une fée, qui sourit glissant des mots insignes.

Savoure cet instant quand tinte un fin clocher,
Le nectar à la lèvre ou le beurre au brochet,
Les yeux à demi clos, et la main sur le livre.

Pour la santé du corps, pour aimer son prochain
Nos maîtres Rabelais ou le sourd Joachim
Proposent des leçons sur l'art divin de vivre.

# *La fable du mouton*

*Emmanuel*

Petit mouton, ma douce laine
Mon œil si doux, mon joli pied
Que regardes-tu dans la plaine ?

*Le mouton*

J'y vois pourrir trop de papier

*Emmanuel*

Petit mouton, si tu veux boire
Ma rivière est en floraison,
Ce n'est pas la si large Loire ...

*Le mouton*

Elle a même goût de savon

*Emmanuel*

Petit mouton, le ciel moutonne
Il pleuvra, c'est providentiel
Et tu boiras l'eau pure et bonne...

*Le mouton*

Je veux brouter un arc-en-ciel.

# *1940*

Quand Aragon chantait la France
        Le temps blessé
        Des Ponts-de-Cé
        Tout le passé,
Tout la passé de la souffrance
        Temps angoissé
        Soldat glissé
        Dans le fossé
Longeant le chemin de l'errance…

                Quand Aragon chantait la France
                Au temps de la désespérance

Quand Aragon chantait la France
        Le pourchassé
        Au pas pressé
        Vaincu, laissé
Aux grands chemins de l'ignorance
        Le sang versé
        L'homme insensé
        Meurtri, chassé
N'attendant nulle délivrance…

Quand Aragon chantait la France
Au temps de la désespérance,

C'était le temps de mon enfance
Cœur oppressé
Rapetissé
Décarcassé
De ma mère et de sa vaillance
Temps convulsé
Qui n'a cessé
Triste passé
À n'implorer que délivrance...

Quand Aragon chantait la France
Au temps de la désespérance.

# *Les Princes des grands soirs*

Ils ont erré dans les saisons multiples
Pour savourer tous les parfums des mots
Cueillant l'amour au long de leurs périples
Offrant le rêve à l'oubli des hameaux.

Ils ont chanté d'ineffables royaumes
Lambeaux de ciel, espérance des nids
Tendant leurs corps aux nuits d'ardents fantômes
En quémandant des bonheurs infinis.

Que disaient-ils aux confins de l'espace ?
Où l'homme va, mutilé sous l'effort
Vaste carroi sifflé du vent qui passe
Songe éperdu ressassé par la mort ?

Ils ont chanté sur des lyres profanes
Leur existence et les arrois d'autrui
Que disaient-ils sur l'aile des pavanes
Du temps d'amour et de l'amour enfui ?

Ils ont tressé les mailles des poèmes
En déliant des fils mystérieux,
La Liberté tourmentait leurs fronts blêmes,
La Liberté a pu fermer leurs yeux.

Souvenez-vous, parfois, de leurs romances
De leurs appels, leurs cris et leurs espoirs,
D'un mot qui berce en calmant les offenses,
Souvenez-vous des princes des grands soirs.

# *Aux amis de Rochefort*

Manoll est mort lundi. Nul ne s'en soucie guère.
Bérimont-l'oiseleur déjà l'a précédé.
Sur Loire, à Rochefort, sait-on ce coup de dé ?
Loire de l'amitié, si lointaine est la guerre…

Loire de poésie aux rires de naguère…
Cadou cadence un vers d'un vélo décidé,
Bouhier dans ses bocaux ne s'est pas attardé.
La lettre de Jacob, vitrail à sa lumière.

Follain nasille un vers qui pèserait le ciel !
Béalu rime trop en triant de la graine,
Chaulot dit à Guillaume un poème essentiel.

Reverdy-l'étoilé, Rousselot-le-subtil
Savent le poids des mots qu'un vol d'amour entraîne,
Guerre et faim, ô soif de la vie. Ainsi-fut-il ?

# *La Pointe*

Souvenir, je ramène
La barque du bonheur.
La Pointe, à Bouchemaine
S'enfonce dans mon cœur.

Par le bleu-vert des berges
Je me plais d'évoquer
Les riantes auberges
Blotties au long du quai.

Les vieux pêcheurs d'alose
Passaient dans l'or du jour
Et le vent virtuose
Modulait notre amour.

Souvenir, je ramène
La barque du bonheur.
La Pointe, à Bouchemaine.
S'enfonce dans mon cœur.

Le fleuve aux bras sauvages
En étreignant les eaux
Offrait, de ses rivages
Un grand bouquet d'oiseaux.

Le fleuve et la rivière
Unis pareillement
Chuchotaient la prière
De Belle à son amant.

Souvenir, je ramène
La barque du bonheur.
La Pointe, à Bouchemaine
S'enfonce dans mon cœur.

# *Moulin en deuil*

Au bon vent de galerne, entendrons-nous encore
Tourner sur le coteau ton antique moulin ?
Quatre ailes vont trembler où la vigne décore…
Meunier, tu dors déjà dans l'automne orphelin.

Au carrefour des vents, sous l'ortie et la ronce
Quand tu le rencontras, il était mort cent fois.
Ton courage d'artiste apporta sa réponse,
Tu repris chaque pierre et tu sculptas le bois.

Ce fut un sortilège au vol des hirondelles
Quand dans le ciel d'Anjou chacun vit lentement
Aspirant chaque brise au chant des vastes ailes
Renaître ce moulin dont tu devins l'amant.

Sous la pluie et le gel, bravant même la foudre
Il chantait ce moulin, pour prouver la leçon
Du travail qui nourrit, du bon grain qu'on doit moudre
Admirant la farine en délaissant le son.

Et tu le regardais ton moulin, l'âme fière
En caressant ta barbe ou bien clignant de l'œil
Et l'on entrait chez toi plus qu'à la Herpinière,
Car à tous les amis tu réservais l'accueil.

Tu aimais tous les arts, sachant leur poésie,
Tous les arts se ployaient à tes si fortes mains.
Dors, joyeux compagnon, car la Rabelaisie
Est une terre amie aux meilleurs des humains.

# *Au sculpteur Pimienta*

Mon Maître, mon ami, vieux sculpteur oublié
Lentement, je reviens par le sable des grèves
Poser mon chevalet face à la Tour de Trèves
Se mirant dans l'eau morte aux reflets de Juillet.

Un immense matin de hautains peupliers
Frémit dans l'air si calme au rythme bleu des rêves
Gonflé d'intense vie où s'exudent les sèves
Tandis qu'au grand sommeil vous voici délié.

Je sais que vous sculptez désormais les nuages
Que le vent de galerne expirant aux rivages
Murmure un long poème au frisson des roseaux.

Que du tombeau ressurgissent tous les poètes
Comme un bouquet dansant par l'aile des mouettes
Dans l'âcre odeur du fleuve au temps des basses eaux.

# *31 mars 1982*

Les yeux fermés à demi
On emporta mon ami
À l'éternelle embellie…
Il eût pour son dernier lit
Au dernier jour de l'hiver
Le frisson des primevères.

# *Les Gisants de Trèves*

Dormez si doucement, l'artiste et la colombe
Ailleurs ce monde est fou ; ailleurs ce monde est pris.
Savourez longuement la fraîcheur de la tombe
Vous qui fûtes l'amour si clair de deux esprits.

Vous qui fûtes l'amour, la Muse et le Poète
Dormez si doucement où la Loire a son lit.
Le burin s'est posé près du marbre accompli
Sachant que tôt ou tard l'Éternité s'apprête.

Le sculpteur séculaire a rejoint sa Marquise
Et dans la nuit profonde une tendresse exquise
Joint leurs mains, leurs frissons, leurs secrets et leurs ans…

La Loire au front bleuté se perd au gré des îles
Mirant mille castels aux toits fins et tranquilles
En songeant lentement aux rêves des gisants.

# *Le Chant du Monde*

Ils ont tous pris l'orbe d'une palette
Tant de couleurs étoilant leurs pinceaux
Ils ont tous mis la pierre à la sellette
Pour y sculpter d'adorables rinceaux

Ils ont tous dit dans la langue des anges
L'ardent poème au philtre merveilleux
Que nulle femme admit tant de louanges
Pour leur sourire et pour calmer leurs yeux

Ils ont creusé malgré toute souffrance
Pour y bâtir la foi du plus haut mur
Ils ont peiné au cœur de notre France
Pour leur village enclos dans ton azur

Ils ont donné leurs mains au chant du monde,
Tout leur esprit au rêve pénétrant
Pour t'exalter, ma belle Loire blonde…
Leur vie est là, passant dans ton courant.

# *Testament du Poète*

Il chantait la Loire aux sables mouvants
Celui qui marchait en parlant aux saules
Sa crinière allait dans les quatre vents
L'homme au cœur si doux, aux larges épaules.

Il marchait sans but, peut-être en cherchant
L'éclat d'un reflet sur les grèves plates,
Ivre des soleils fondant au couchant
Dans les ailes d'or d'oiseaux écarlates.

Il marchait longtemps sur le sable lourd
Fuyant la cité, fuyant la démence…
Pour ces migrateurs, il n'était pas sourd,
Eux seuls s'accordaient au nid du silence.

Il chantait la Loire aux sables mouvants
Ce vieux troubadour épuisé de rêves,
Ne le cherchez plus dans les quatre vents
Mais songez à lui, frangé par les grèves.

# *Nulle part*

Il est si loin, si loin, mon pays de légende,
Drapé dans sa colline où le fleuve discret
Pleure et chante au soleil divisant son offrande.
Mon pays est si loin dans le temps du secret.

Au-delà de la vue, en fermant les yeux même
Il est là-bas, là-bas, où nul ne ravira
Sa grâce, son profil, sa danse et son poème,
Mon pays est si loin dans son frêle opéra.

Impolluable, il est le chant de mon enfance
Éveil sans cesse accru, mot choisi avec art,
Accord d'une musique, amour de la nuance,
Mon pays est jardin, jardin de nulle part.

# *La romance de l'Inconnue*

Si doux seraient tes bras au cou de mon attente
Mon cher amour que je ne connais pas
Si doux seraient tes pas
Dans la nuit frémissante

Et le fleuve qui va s'enfuit dans la nuit vaine
Il est si noir
Ce soir
Où l'automne s'effeuille aux larmes de ma peine

Si doux seraient tes doigts glissant sur mes paupières
Mon amour, éperdument,
Et tu recueillerais le cri de mes prières
Une larme d'amant
Pour te parer d'un diamant

Et le fleuve qui va s'enfuit dans la nuit vaine
Il est si noir
Ce soir
Où l'automne s'effeuille aux larmes da ma peine.

# *Les douves du souvenir*

Au vieux château des amours mortes
Pourquoi voudrais-tu revenir ?
Il n'a ni fenêtres ni portes
Dans les douves du souvenir.

Il ne sait plus rien des batailles
Dressé là-haut dans l'air glacé
Écroulant ses vieilles murailles
Dans les douves du long passé.

Sous la fissure des années
Toutes les belles lentement
Lentement se sont effacées
Dans les douves du vieil amant.

Au vieux château des amours mortes
Pourquoi voudrais-tu revenir ?
Les corbeaux seraient tes escortes
Dans les douves du souvenir.

# *Tuffeau*

Je chante le tuffeau, la pierre douce et blonde
Qui rayonne en dansant au long de nos coteaux,
Clarté de nos maisons, bonheur qui nous inonde,
Longs reflets de la Loire en miroir de châteaux.

Je chante le tuffeau caressé par des paumes,
Buriné par l'outil des humbles artisans,
Fenêtres des manoirs, clochetons des royaumes
Lumineuse patine oublieuse des ans.

Je chante le tuffeau, le secret de nos caves
L'antre mystérieux où la bouteille dort.
Tous les pics l'ont griffé, tenus par des mains braves
Gardant jalousement le prix de leur effort.

# *Pureté*

Les gris-bleus dilués
Et les opalescences
Les fines transparences
De ces matins gelés.

Les sols cristallisés
D'où s'envolent les danses
D'oiseaux et de partances
Sur des cieux balisés.

Les doigts fleurdelisés
D'arbres et souvenances
Les reflets, les nuances
Des roseaux envasés.

Fleuve aux bras irisés,
Loire de mes romances
Avec moi, tu fiances
Les temps divinisés.

# *Nuances*

Sur un balcon de Loire, une brume indécise
Adoucit les reflets d'un miracle changeant
Et, comme un blanc bouquet s'élève dans la brise
Les mouettes tournoient au gré d'un vol d'argent.

J'aime les rencontrer à l'heure matinale
Où le pêcheur figé s'imprègne à son bateau,
Grisaille sur fond rose où le soleil signale
Les premiers rayons d'or qui vont plonger dans l'eau.

Porteuses de bosquets, langues des longues grèves,
Sur le sable amolli flâner me semble doux,
Épelant ce parler qui n'appartient qu'aux rêves,
Marchant en amoureux au premier rendez-vous.

# *Ô mon fleuve*

Ô mon fleuve, tu te pares
De reflets de perles rares
Où septembre est adouci.

Quel est ce voile où la brume
Tend la candeur de l'écume
Sur l'arbre déjà roussi ?

Quel mirage diaphane
Surprend mon regard qui plane
Dans ton ciel opalescent ?

Ô mon fleuve, tu te pâmes
Dans un lit de mortes flammes
Où s'écoule ton vieux sang.

# *Peintre de Loire*

D'un pinceau velouté je caresse ma Loire.
Cette blonde aux yeux bleus me trouble infiniment,
J'adore sa langueur en éternel amant,
Je connais ses secrets, son rêve et son histoire.

Parfois la brise vient dans ses longs soirs de moire
M'inviter à lui chanter quelque serment ;
Troubadour, je lui offre une ode en diamant,
Et je paillette un peu, la nuit, sa robe noire.

Elle s'immobilise, écoutant ma chanson ;
Tous ces mots de la nuit, de l'ombre et du frisson
Lui disent un amour de féal à sa reine.

Mais aux soirs délirants succèdent les regrets…
Elle fuit lentement dès les matins nacrés
Emportant vers la mer sa marche souveraine.

# *Ardoise*

Te chanterai-je, ardoise aux couleurs d'océans,
Toi qui fus la forêt en ce matin du monde,
Silence végétal que des replis géants
Engloutirent, jadis, dans une nuit profonde.

Te chanterai-je, ardoise, ô roc de mon pays,
Gardien vigilant de fine arborescence,
Océan de l'Anjou qui n'a point de lavis,
Bords de granit breton ou de tuffeau qui danse !

Ton onde bleue, ô mer, tu ne la confonds pas.
En lames, quelque jour, elle part et se pose
Inexorablement sur nos toits d'ici-bas
Pour y mirer le ciel en caressant la rose.

Ardoise, ô notre ardoise, où les pas des bébés
Chancellent dans la cour de mosaïque insigne !
Ardoise des enfants gravant leurs alphabets,
Éveillant leurs esprits éblouis par la ligne.

Ardoise des vieux puits que le lierre verdit,
Clos de nos vendangeurs, murailles écroulées,
Frontons des monuments, châteaux au sort maudit,
Pieux autels aux Jésus de nos Galilées.

Tables de nos caveaux où rit l'esprit gaulois,
Cercle où pieusement se lappe un jus de treille,
Temps où l'on prierait bien Saint Rabelais deux fois
Si Grandgousier enfin débouchait sa bouteille…

Si tu dois façonner ton rêve en la maison,
Bâtir quelque retraite à l'humeur villageoise,
Songe aux affinités du sol avec raison :
Le tuffeau, c'est l'esprit, la profondeur, l'ardoise.

Ardoise des Toussaints sois légère à nos cœurs
Quand nous reposerons dans le tuffeau si tendre,
Sous la croix de granit… un nom… et quelques fleurs…
Océan de l'Anjou berce un bouquet de cendre.

# *Coule, ma vie*

Coule, ma vie, au delta de ma mort
Par les collines bleues de l'espérance
Où fuit le temps, où la tendresse est d'or,
Coule, ma vie, en nacelle de France.

Va, le courant embrase ton destin.
Va, ta conquête est d'aube et de mystère.
Va, aux luisances du premier matin
Va, chaque jour est neuf sur cette terre.

Forces d'amour où naît l'intercesseur,
Ouvrez pour lui la bonne et sainte route.
Poète, va. L'inutile est douceur.
Tu dois parler où chaque fleur écoute.

Tu es le vent et la pluie et le sel
Jaillissement de forces telluriques
L'anneau forgé du monde universel,
Tu es l'aveu des sourds magmas cosmiques.

Tu n'es qu'un homme, un être aérien.
Tous les lasers transpercent tes deux paumes.
Ton vrai savoir, c'est de ne savoir rien
Entre la vie et la mort, tes royaumes.

Coule ma vie, au delta de ma mort
Par les collines bleues de l'espérance
Où fuit le temps, où la tendresse est d'or,
Coule, ma vie, en nacelle de France.

# *La Loire des Poètes*

Péguy loua jadis cette « suite courtoise »
Qui vous entoure, Loire, à vos cent vingt châteaux,
Et son grand frère Hugo chanta déjà vos eaux
Pressant des îles d'or à vos bras qui se croisent.

D'autres amants vous ont, de Nevers ou d'Amboise
Vanté d'un madrigal le charme des coteaux.
Lemaître vous sacrait « Reine »… aux Rois pour vassaux
Et Joachim rêvait aux villages d'ardoise.

Ermite à Saint-Benoît et pauvre comme Job
Avant le train d'adieu vous aimait Max Jacob
Recevant Bérimont, mon frère et fin poète…

Des terrasses de Tours vous contemplait Balzac.
Après tant d'écrivains, moi je jette mon sac.
Permettez-vous, ma Belle, un baiser de mouette ?

# *Loire miraculeuse*

Loire miraculeuse au gré des verts coteaux
Nonchalamment tu vas, lentement tu promènes
Ta cape d'or et bleu, reine parmi les reines
Découvrant çà et là les hennins des châteaux.

Tu mires ta beauté dans tous les archipels
Où tanguent les bouquets d'oiseaux blancs qui s'élèvent,
Depuis longtemps, déjà, la muse de nos rêves
Promise à l'océan qui lance ses appels.

Ou de vent de galerne ou de brise de mer
Jadis tes chalandoux tendant cordes et toiles
Chantaient quand remontaient leurs gabares à voiles
Saluant sur les bords les filles au teint clair.

Loire miraculeuse, amante je te dis
Avec des mots troublés ta grâce et ton poème
Je me veux baladin pour clamer que je t'aime
Puisque dès mon berceau, tu fus mon paradis.

# *Maison de Loire*

La petite maison qui riait à la Loire,
Humble toit qu'eût aimé notre divin Mansard
Abrita le courtil de l'amour et de l'art.
Je voudrais en celer à d'autres la mémoire.

C'était d'un clair tuffeau disjoint toute ma gloire.
Un angélus d'oiseaux, la paix d'où l'on repart ;
Une touffe de fleurs où sourit le regard,
Et la Loire toujours, l'inépuisable Loire.

La Loire des amours, des rêves, des chagrins,
La Loire des châteaux, la Loire des poètes,
Le lent cortège vert où plongent les mouettes…

La Loire de l'enfance et des premiers chemins,
La Loire où se mirait la maison basse et douce
Couvrant notre bonheur en se couvrant de mousse.

# *Montgolfières*

Entre Loire et Rhône
Glissent les ballons
Les bleus et les jaunes
Sur un ciel profond.

Au vent qui les pousse
Les nuages font
De grands nids de mousse
Pour ces vagabonds

Ils vont par le monde
Là-haut, tout là-haut
Belles mappemondes
Sur un chant d'oiseau.

Ils vont, ils s'élèvent
Aux yeux ébahis
Emportant mon rêve
Vers de doux pays.

Entre Rhône et Loire
Sur un ciel profond
Comme balançoire
Glissent les ballons.

# *Subtils reflets*

Ô mon fleuve, tu te pares
De reflets de perles rares
Où septembre est adouci.

Quel est ce voile où la brume
Tend sa couleur de l'écume
Sur l'arbre déjà roussi ?

Quel mirage diaphane
Surprend mon regard qui plane
Dans ton ciel opalescent ?

Ô mon fleuve, tu te pâmes
Dans un lit de mortes flammes
Où s'écoule ton vieux sang.

# *Chalandoux*

Chalandoux, marinier de Loire
Sur ton chemin de brise et d'eaux
Se glissait ta gabare noire
Papillonnant de ses drapeaux.

Le grand mât hissé de cordages
S'abaissant aux arches des ponts
Semblait saluer les villages
Au bonheur de toutes saisons.

Il te fallait le vent du large
Où l'on découvre une île d'or
Et ta voile emportant la charge
Où tu respirais ce décor.

Il te fallait tout ce qui vibre
Le courant, le nuage et l'oiseau
Et, comme toi, le poisson libre
Frôlant le sable et le roseau.

Tu guettais le bonjour des filles
Battant des linges écrasés…
Tu répondais à leurs vétilles
En leur adressant des baisers.

Chalandoux, marinier de Loire
Me souvenant de ta raison
Suivant ton rêve et ta mémoire
Libre, je vis dans ta maison.

# *Les Gabares*

Roanne, n'entends-tu ? je ne peux t'oublier
Aux franges d'une rive épousée à l'Allier,

Où la rivière Loire épanouie en fleuve
De tant de ruisselets se grossit et s'abreuve.

Digoin ne revoit plus les prestes chalandoux
Souquant des bateaux noirs quatre vents aigres-doux,

Ces voiles de lin clair éprises du grand large
Gonflant leur opulence en glissant lourde charge,

Gabares de Nevers transportant les plats bleus
Aux dessins si naïfs des serments amoureux,

Gabares d'Orléans, lourds tonneaux de vinaigres
Roulés par des bras forts sur des couplets allègres,

Celles de Châteauneuf, des grands quais ligériens
Superbes dans le soir aux souffles aériens,

Cortèges de futreaux guidant parmi les sables
Ces lyres de chanteurs pinçant cordes et câbles,

Gabares saluant les filles dans les prés
Agitant les draps blancs de rêves ignorés

Lents vaisseaux de mon fleuve aux rivages d'Amboise
Chargeant le blond tuffeau vers le pays d'ardoise,

Regards de vos marins clignant vers les amours
Que le vin de Montlouis agite au cœur de Tours,

Flottille à Montsoreau hissant son oriflamme
Pour émouvoir les yeux d'une gentille Dame,

Mâts dressés, mâts couchés sous le gel ou l'azur
Pour capter la douceur sous les ponts de Saumur,

Gabares du Thoureil chantant la marjolaine
Avec le Roi René, poète à Bouchemaine,

Gabares de Montjeau chargeant les vins exquis
Où l'or s'accorde bien aux plages d'Ancenis,

Vers Nantes, vous allez, gabares disparues
Par les vents de galerne et les remous des crues

Vibrer sur le tableau coloré des grands soirs
Vos voiles vers la mer agitant leurs mouchoirs.

# *Le dernier voyage du Chalandoux*

Suis bien le bord, vieille gabare
Désormais, nous rentrons chez nous.
Ma main fermement tient la barre.
C'en est fini du Chalandoux.

Mon bateau, mon brave des braves
Quand tu seras cassé, disjoint
Ouvre les bras de tes étraves,
Sois mon toit... tu ne mourras point.

Devient la solide charpente,
Le toit des dernières amours,
Craque tes os, si la nuit vente,
Porte l'ardoise à mon secours.

Dis aux enfants, rêveurs d'étoiles
Qui vont dans l'âme du grenier
Comme jadis claquaient nos voiles
À pleine Loire, et sans renier.

Mon beau toit, mon lointain navire
Fend le ciel au gré des autans.
Je rêve, et mon vieux cœur chavire
Sous le parfum des vieux printemps.

Suis bien le bord, vieille gabare
Désormais, nous rentrons chez nous,
Ma main fermement tient la barre
C'en est fini du Chalandoux.

# *Conseil*

« Je laisse aux gosiers secs le forum, les affaires »
Disait le vieil Horace un grand verre à la main,
Car il était un sage et dégustait le vin,
Suavement épris par ses douceurs légères.

Rabelais le comprit en groupant ses compères
Élevant un Chinon comme un trésor divin,
Car l'esprit se mesure au temps qui semble vain
Si la dive bouteille est source dans nos verres.

Après un tel édit, les juristes sévères
Comprirent le conseil de Brillat-Savarin :
Rien ne fût décidé qu'après un bon festin
Où l'on goûte un vin vieux qui évite les guerres.

# *Le caveau angevin*

Ô n'entre jamais seul dans la cave angevine !
Choisis bien tes amis pour quérir ce trésor.
La fraîcheur du tuffeau ouvre son corridor
Et ce cœur voussé d'ombre en amour s'illumine.

Le caveau de jadis où le pic se devine
Sculpte en rêve aboli ce fabuleux décor.
Si tu veux découvrir enfin le rayon d'or
Prends la vieille bouteille à la liqueur divine.

Lentement, tiens son col ou son ventre pansu.
Déjà parle un bouchon, un noir bouchon moussu,
Muet comme l'amour d'une suprême amante.

Hume ce don du ciel, ce patient fleuron,
Verse à tes bons amis ce sang du vigneron,
Afin qu'en ton caveau chacun vive et s'enchante.

# *Caves de mon Pays*

Caves de mon pays, caves des bords de Loire
Avec vos bouches d'ombre à la si longue histoire

Contez-moi les secrets du tuffeau fabuleux
Qui fit notre village et nos châteaux joyeux.

Combien de fois le pic d'une obscure bataille
Aux rythmes lents des cœurs fit cette large entaille…

Caves de mon pays au silence pesant
Vous portez dans l'azur le charme du présent

Vous êtes dans la voûte ou la fine arcature
Dans la svelte tourelle, et dans cette mâture
Qui s'élève en priant des somptueux piliers.

Vous êtes cathédrale, ou manoirs, ou celliers,
Et l'artiste maçon, caressant une pierre
Dit dans l'orbe ou dans l'ove une même prière.

Caves de mon pays, caves des champignons
Dardant leur étincelle en petits lumignons

Caves de mon pays, caves de fantaisie
Où le travail du jour est nuit de poésie

Caves de mon pays, sanctuaires divins
De la douceur de l'ombre à la robe des vins

Caves de mon pays, caves des bords de Loire
Vous enchantez nos jours par votre longue histoire.

# *La cave des Aïeux*

Silencieuse pierre où tout mon corps pénètre
Je te retrouve enfin, cave de mes aïeux,
Sanctuaire où le vin n'est honoré que vieux,
Piliers de la sagesse, ombre où je vais renaître.

Ici l'on a chanté pour dire son bien-être.
Le verre s'élevait en approuvant les dieux.
On exultait la vie au bel élan joyeux
Et si l'on s'embrassait, c'était pour se connaître.

On versait de la pourpre ou de l'or à foison,
Oublieux des soucis, coulait cette chanson
S'égrenant comme grappe aux fouloirs des vendanges.

Et l'on s'en revenait des ténébreux caveaux
Revigorés d'amour, plus forts, toujours nouveaux,
Nos corps assujettis à la danse des anges.

## *Son et Lumière*

Voici la nuit tendant cape de magicienne
Sur bleu céruléen tout ruisselante d'or,
Nuit d'antiques châteaux, enluminure ancienne
Nuit d'un rêve éperdu, nuit d'un nouvel essor.

Voici la nuit ouvrant le Livre aux Riches Heures
Sur le vélin glissant son doigt éblouissant
Voici la nuit d'hier, tu souris ou tu pleures
Ou tu marques la page au long signet de sang.

# *Mon Chat*

En vrai chartreux, mon chat, sait la loi du silence.
En ses yeux pers, se perd toute la Loire immense.

Toutes ces vastes eaux de France confondues
Ourlant d'un sable roux des lèvres étendues…

Tout ce mystérieux mélange aux douces teintes
Par toutes les saisons si finement repeintes

Tous ces longs toits vêtus du clair damier d'ardoise
Où l'aile des oiseaux infiniment se croise

Il les voit, ce doux sphinx, en toute sapience
Et dans ses yeux d'or fin s'endort la Loire immense.

# *Saumur ligérien*

Quand je serai parti loin de toute mémoire
Ami, viens dans ma ville à l'accueil si léger,
Tu me retrouveras auprès des flots de Loire,
Tu seras de Saumur sans en être étranger.

Nous irons, si tu veux, voir de fins campaniles,
Errer dans le château qui fût rêve et prison,
Et nous regarderons la découpe des îles
Ou le roulis si bleu du lointain horizon.

Tu verras ces toits gris aux ailes repliées
Sur de blanches maisons que le soleil bénit.
Un magique miroir des heures oubliées
Joyeux, te rediras la gaîté de mon nid.

Ami, nous descendrons par de longues ruelles
Brandissant les frontons des logis huguenots,
Scindant les vieux remparts d'époques irréelles
Où se dressent encore des tours et des créneaux.

Tu ne trouveras pas d'orgueilleux édifices,
Mais l'éclatant tuffeau parlant clair à l'esprit,
Chargé d'un lourd passé sans de vains artifices,
Page de l'humble histoire où la grandeur s'inscrit.

Tu verras la chapelle à la pénombre douce
Qui posa des jalons sur mon impiété,
Et mon île, vaisseau dont je suis resté mousse
Malgré le fort courant de la société.

Ami cher, je connais des maisons anonymes,
Visages de la nuit, blêmes placidités,
Murs voilant des bonheurs ou des douleurs intimes,
Paradis ou prisons, rêve ou félicités.

Je connais des jardins, des ombres et des rues,
Des arbres jaillissant sur l'envol des vieux murs,
Du flâneur, les longs quais que recouvraient les crues,
Du rêveur, les reflets d'aubes et couchants purs.

Si tu viens en été, tu verras, nonchalante
Et superbement calme, heureuse en la saison,
La Loire qui rugit l'hiver, et violente,
Contre les ponts puissants porte sa déraison.

Glauque, écumante, et forte, et ployant les saulaies
Vaste sur les bas prés longtemps silencieux,
Miroir contemplatif des arbres et des haies,
Telle apparaît ma Loire au temps plombé des cieux.

Là, nous retrouverons la Loire qui se marbre
La mouette éperdue au thorax des autans,
La bise ou le vent d'ouest qui, dans la branche d'arbre
Gémit son désespoir et pleure ses printemps.

Si tu vois s'envoler la trop blanche mouette
Pense que je l'aimais autant que mon pays,
Pense à ce doux passant que l'on disait poète
En cet Anjou si clair qui fut mon paradis.

# *Fleuve sauvage*

De ce fleuve sauvage à la bouche océane
Écoutez ce matin fuser tous les oiseaux
Au long des Iles d'or, il flâne et se pavane
Chanté d'un troubadour caché dans les roseaux.

Du haut Gerbier-de-Jonc il nous offre sa gerbe
Il faïence Nevers d'un dessin d'autrefois
Et là, prenant du large, il peut entrer, superbe
Au pays d'Orléans où Jeanne entend sa voix.

De ce fleuve sauvage aux flèches pertuisanes
Oyez mes braves gens l'appel de ses châteaux
Il est leur doux miroir des matins diaphanes
Ou des longs soirs d'été porteurs de noirs bateaux.

La Belle au Bois Dormant peut ouvrir ses paupières
Tremper sa main légère au flot de ses amours
Et l'ardoise des toits et les si blanches pierres
Redisent l'harmonie ou d'Amboise ou de Tours.

De ce fleuve sauvage oublieux des esclaves
Parle tout un passé qui rêve d'un futur
Il écoute chanter, à la bouche des caves
Les bulles d'un vin clair pétillant à Saumur.

De là, vers l'océan, triomphale est sa marche
Il écarte la rive aux tremblants peupliers
Il peut enfler sa crue ou démolir une arche
Et s'étendre en vainqueur sur des chemins noyés.

De ce fleuve sauvage à la fougueuse artère
Vient le flux de la France en son plus noble sang
La fureur des Vikings, la voie des Jean sans Terre
Pour chaque chevalier qui se voulait puissant.

C'est la fuite éperdue aux larmes de l'histoire
C'est le vent de galerne aux faulx des vendéens
C'est la main de la grâce implorant notre Loire
C'est la roche bretonne ouvrant ses derniers liens.

De ce fleuve sauvage écoutez la complainte
Envol de la mouette, attente du pêcheur,
Iles de ma mémoire à la si folle étreinte
Vaisseaux de mon bonheur à la douce fraîcheur.

C'est la fuite éperdue aux vagues océanes
Les nuages brassés sur la vie et le ciel
Un flot de souvenirs rebelle à toutes vannes
Un air de liberté sur un monde irréel.

# NOTULES

LE TAILLEUR DES CATHÉDRALES (page 19)

Sculptant les tympans des cathédrales, pour évoquer le mal, les ouvriers usaient d'un fabliau imagé : mantichore, tête d'homme et corps de lion, sciapode, être fabuleux ne possédant qu'un seul pied, griffon, basilic, crapaud.

ALIÉNOR D'AQUITAINE (page 23)

Veillée par le moine Gaucelm Faïdit, agonisa longuement à Fontevraud, réclamant le chant des troubadours.

LA DAME À LA LICORNE (page 25)

Apparaît au Moyen-âge avec tout son mystère. Déjà citée par Pline, cet animal fabuleux inspire Jérome Bosch et de très riches tapisseries françaises du XV$^{e}$ siècle qui sont à Cluny. Certaines furent tissées dans le Val de Loire, dans les ateliers de Tours et d'Angers.

SEPTEMBRE AUX TRÈS RICHES HEURES (page 27)

Cette superbe représentation du château de Saumur a été commencée par les frères de Limbourg à la demande de Louis II d'Anjou, fastueux neveu du duc de Berry qui venait de terminer l'édifice. Il était l'époux de Yolande d'Aragon.

Soixante-dix ans plus tard, Jean Colombe, en miniaturiste délicat, exécuta la scène des vendanges si vivante et colorée. Commandée par Charles Ier, duc de Savoie, elle fut achevée le 31 août 1485. Ce manuscrit de 206 feuillets tracés, fut conçu par Yvonnet Leduc de 1413 à 1416. Le duc d'Aumale le légua en 1897 au Musée Condé de Chantilly.

LES REGRETS DE JOACHIM (page 38)

Accompagnant son oncle, le Cardinal du Bellay, à Rome en 1551, il tomba amoureux de la belle Faustine. Revenu en France, il mourut subitement en 1560.

SUR UNE VITRE DE CHAMBORD (page 39)

Brantôme, dans « les Dames Galantes », rappelle que François 1er, avec le diamant de sa bague, traça cette mélancolique allusion «Souvent femme varie Bien fol est qui s'y fie»

LÉONARD DE VINCI (page 40)

Épris par le talent de Léonard de Vinci, le Roi François Ier lui offrit le château de Cloux, actuellement Clos Lucé. Selon ses meilleurs biographes, c'est là qu'il termina Monna Lisa

LA DAME AU BAIN (page 43)

François Clouet (1510-1572), peintre officiel de la cour d'Henri II, est venu de Flandres s'incorporer aux peintres de la Loire.
On lui attribue le tableau de Diane de Poitiers pinçant le bout de son sein en prenant son bain.

LISSIÈRE, MA VOISINE (page 51)

Madame Damamme Marie-France du Vieil Baugé (49), qui, rentrayeuse, sait intuitivement les lois de l'harmonie. Avec son attentive aiguille, elle rénove les anciennes tapisseries. Cette grande artiste travaille pour les monuments nationaux.

LES AMANTS DE LA LOIRE (page 74)

Quatre saisons enchantent les Amants de la Loire. Seul l'hiver n'est pas nommé, mais suggéré.

MOULIN EN DEUIL (page 114)

Travaillant le cristal à Nancy, l'artiste Guy Petitfils tomba amoureux d'une ruine sur les coteaux de Turquant. Tour à tour, charpentier, sculpteur de tuffeau, il édifia le moulin de la Herpinière et l'ouvrit au public. Sa mort accidentelle endeuilla tous ceux qui avaient aimé ce meunier rabelaisien.

AU SCULPTEUR PIMIENTA (page 116)

Un injuste sort s'acharne sur Pimienta, un sculpteur trop oublié. En découvrant la Loire, au pont de Gennes, il décide d'installer son dernier atelier à Préban. La marquise de Narros, en véritable mécène, fit don de son œuvre à l'Institut de France. Maintenant, la Colombière est la résidence d'artistes qui viennent là pour se ressourcer et travailler les attitudes du cheval à l'école nationale d'équitation (ENE).
D'une culture immense, Pimienta fut aussi poète et publia une dizaine d'ouvrages sur l'Art. Il repose au petit cimetière de Trèves. Pourquoi son œuvre de bustier ne figure-t-elle pas au Musée d'Orsay ?

# *Table des Matières*

Achevé d'imprimer
par Bull Duplicopy
pour le compte de
**CHEMINEMENTS**

Dépôt légal : décembre 2002